Ratschlaege und Tipps rund um die Altenpflege

Wie führe ich ein Pflegeheim zu wirtschaftlichem Erfolg?

Die fuenf groeßten Probleme und deren einfache Loesungen

Horst Brzoska

Institut fuer Altenpflege

Wie fuehre ich ein Pflegeheim zu wirtschaftlichem Erfolg?

Die fuenf groeßten Probleme und deren einfache Loesungen

Horst Brzoska

Vorwort

Bereits seit 2017 bewirkt die neue Pflegereform viel für Bewohner und Pflegeeinrichtungen. Dazu zählt, dass Pflegebedürftige in stationären Pflegeeinrichtungen einen einheitlichen Eigenanteil zahlen, der gleich hoch bleibt, selbst wenn sich der Pflegegrad verändert. Zum anderen ist eine kostendeckende Personalsteuerung – wie vor der Reform – nicht mehr möglich. Weicht die Einrichtung in der laufenden Wirtschaftsperiode von der geplanten Pflegegradstruktur ab, kann das - bei sinkenden Pflegegraden – zu erheblichen Erlösminderungen führen. Die Umgestaltung der Prozesse stellt für Pflegeeinrichtungen eine große Herausforderung dar, bei der die Pflegedienstleitung eine Schlüsselrolle einnimmt.

In diesem Ratgeber skizziere ich die wichtigsten Herausforderungen, die einer nachhaltigen und kostendeckenden pflegerischen Arbeit im Wege stehen. Und die passenden Lösungen, um bei möglichen Problemen schnell und zielgerichtet gegensteuern zu können. Viel Spaß beim Lesen wünscht

Horst Brzoska

...an den Problemen arbeiten!

Die fünf größten Problemfelder

1. Warum der richtige Pflegegradmix erfolgsentscheidend ist

Die Pflegereform 2017 hat die Finanzierung der Heimkosten in zwei Punkten entscheidend verändert. Zum einen wurde ein einrichtungseinheitlicher Eigenanteil (EEE) eingeführt, der in unveränderter Höhe vom Bewohner zu zahlen ist, selbst wenn sich sein Pflegegrad verändert. Zum anderen betrifft es die Pflegeschlüssel, die immer dann nicht kostendeckend sind, wenn die Einrichtung von der für die Wirtschaftsperiode geplanten Belegung abweicht. Das kann zu Erlöseinbußen führen, wenn der Pflegegradmix sinkt. Für die Leitung der Pflegeeinrichtung stellt sich die Frage: Wie gelingt es mir, den Pflegeprozess in der laufenden Periode wirtschaftlich zu führen?

Aus Erfahrung weiß die Pflegedienstleitung, dass mit der Leistungsplanung Risiken verbunden sind. Daher sollte sich die leitende Pflegefachkraft bereits vor Beginn der Pflegesatzverhandlungen mit den Kostenträgern über die Verteilung der Pflegegrade für die kommende Periode im Klaren sein. Diese Struktur bestimmt letztlich maßgeblich die personelle und sachliche Ausstattung des Hauses. Durch regelmäßige Soll-Ist-Vergleiche kann die Leitung dann jeweils prüfen, ob und in welchem Ausmaß es aktuelle Verschiebungen von der geplanten Belegungsstruktur gibt. Trifft das zu, hat das positive Auswirkungen, wenn der Pflegegradmix steigt. Sinkt dagegen der Mix, führt das zu Erlöseinbußen der Einrichtung. In meinem Februar - Ratgeber" 2020 Pflegereform zur besseren Finanzierung der Heimkosten nutzen" habe ich die Auswirkungen zu diesem Problem ausführlich dargestellt.

Bei der Prognose, ob die gewählte Struktur für die kommende Periode realistisch umsetzbar ist, sollte sich die Pflegedienstleitung von folgenden Überlegungen leiten lassen:

- Wie groß ist die aktuelle Nachfrage nach einem Heimplatz?
- Ist der geplante Pflegegradmix im Vergleich zu anderen Einrichtungen in der Region angemessen?
- Weicht die beabsichtigte Belegung erheblich von der in der vergangenen Periode ab?

Pflegegradmix beeinflusst die Zuzahlung der Bewohner

Die Struktur der zu betreuenden Pflegebedürftigen hat direkten Einfluss auf die Höhe der Zuzahlung der Bewohner. Dabei ist der Eigenanteil bei einem höheren „Pflegegradmix" geringer als bei niedrigerer Pflegegradstruktur. Ausgangspunkt für die Belegung der Betten mit Pflegebedürftigen der Pflegegrade 2 bis 5 sind die nachstehenden sechs Module des Neuen Begutachtungs-Assessment (NBA):

(1) Kognitive und Kommunikative Fähigkeiten
(2) Mobilität und Beweglichkeit
(3) Krankheitsbezogene Anforderungen und Belastungen
(4) Selbstversorgung
(5) Leben in sozialen Beziehungen
(6) Wohnen/Häuslichkeit

Jedes Modul enthält Kriterien, die der Gutachter des Medizinischen Dienstes mit Einzelpunkten bewertet. Diese werden zusammengerechnet, gewichtet und anschließend dem jeweiligen Pflegegrad zugeordnet.

Das nachstehende Beispiel zeigt in vereinfachter Form die Berechnung des Pflegegradmix für ein 80-Bettenhaus bei einer Auslastung von 95 % für den Pflegezeitraum 2020. Ein höherer oder niedrigerer

Pflegegradmix hat direkten Einfluss auf die Höhe der Zuzahlung der Bewohner.

Ermittlung Pflegegradmix (vereinfachte Darstellung)

Pflegegrad	Bewohner		Äquivalenzziffer
2	12	=	24
3	28	=	84
4	24	=	96
5	12	=	60
	76	=	264 : 76 = 3,47

Durchschnittlicher Pflegegradmix = 3,47.

Wie sich ein unterschiedlich hoher Pflegegradmix auf den Eigenanteil der Bewohner auswirkt, wird auf den folgenden Seiten ausführlich dargestellt.

1.1 Warum eine hohe Pflegegradstruktur die Erlöse positiv beeinflusst

Wie bereits an anderer Stelle erwähnt, zahlen Bewohner selbst bei steigendem Pflegegrad monatlich unverändert denselben Betrag. Ausgangspunkt für die Berechnung des EEE ist der Jahresbetrag der Personal- und Sachkosten für die Pflege auf Basis der Personalausstattung des Hauses. Von den Gesamtkosten werden die Leistungsbeträge der Pflegekasse für Bewohner der Pflegegrade 2 bis 5 abgezogen. Der verbleibende Restbetrag wird dann durch die Anzahl der Bewohner dividiert, sodass sich für jeden Pflegebedürftigen der gleich hohe Zuzahlungsbetrag ergibt.

Beispiel:

Musterhaus:	53 Betten
Gesamtkosten der Pflege:	1.164.754 €
Leistungsbeträge der Pflegekasse:	911.040 €

Berechnung Eigenanteil:

1.164.754 − 911.040 = 253.714 : 53 = 4.787 : 12 = 399 € monatlich pro Bewohner

Der für jeden Bewohner gleich hohe Eigenanteil verändert sich auch dann nicht, wenn ein Pflegebedürftiger z.B. wegen Verschlechterung seines

Zustandes in einen höheren Pflegegrad eingestuft wird.

Höhe der Pflegesätze für Musterhaus

Addiert man zum Zuzahlungsbetrag des Bewohners den jeweiligen Leistungsbetrag der Pflegekasse, dann beläuft sich der Pflegesatz für jeden Pflegegrad auf:

Pflege- grad	Eigenanteil	Leistungs- betrag	Pflegesatz/Monat
1*	399	125	= 912 : 30 = 30,40
2	399	770	= 1.169 : 30 = 38,96
3	399	1.262	= 1.661 : 30 = 55,37
4	399	1.775	= 2.174 : 30 = 72,47
5	399	2.005	= 2.404 : 30 = 80.13

*Der Pflegesatz in Pflegegrad 1 beträgt 78 % von Pflegegrad 2.

Fazit:

Der von den Bewohnern der Einrichtung zu zahlende Eigenanteil hängt entscheidend von der Höhe der Leistungsbeträge der Pflegeversicherung ab. Pflegeheime, die überwiegend Pflegebedürftige mit

Pflegegraden 4 und 5 versorgen, haben hier höhere Einnahmen als Pflegeheime mit überwiegend Pflegebedürftigen der Pflegegrade 2 und 3. Die Einrichtungsleitung sollte daher in Pflegesatzverhandlungen mit den Kostenträgern einen möglichst hohen Pflegegradmix anstreben, der entscheidend die Höhe des Eigenanteils der Bewohner bestimmt. Gute Chancen, einen relativ hohen Mix auch vereinbaren zu können, bestehen immer dann, wenn die für die kommende Periode geplante Pflegegradstruktur sich an der Nachfrage pflegebedürftiger Personen orientiert.

2. Welche Kriterien die Dienst- und Einsatzplanung sicherstellen

Die Dienst- und Einsatzplanung ist eine der größten Herausforderungen für Leitungskräfte in der Altenpflege. Mit ihr soll sichergestellt werden, dass stets genügend Mitarbeiter an jedem Tag der Woche für die Pflege und Betreuung der Bewohner und Patienten bereitstehen. Erfahrungsgemäß ist die Erstellung eines guten Einsatzplanes immer ein Balanceakt zwischen den Wünschen der Mitarbeiter und den Anforderungen an eine qualifizierte Pflege. Erschwerend kommt hinzu, dass die klassische Arbeitszeit in der 5- oder 6-Tagewoche in der Altenpflege vielfach den individuellen Wünschen und Vorlieben der Pflegekräfte entgegensteht. Umso wichtiger ist es daher, die individuellen Bedürfnisse der Mitarbeiter bereits bei der Dienstplangestaltung angemessen zu berücksichtigen.

Zufriedene Mitarbeiter repräsentieren das Unternehmen besser als unzufriedene Mitarbeiter und tragen zu einer guten Pflegequalität bei. Pflegedienstleitungen bzw. Wohnbereichsleitungen sollten bereits im Vorfeld der Dienstplangestaltung versuchen, Schichtwünsche, Schichttausch oder die

Chance, dass Eltern ihre Kinder nachmittags vom Kindergarten abholen können, berücksichtigen. Eine flexiblere Schichtgestaltung mag zwar dann vielleicht einen größeren Aufwand an Zeit und Einsatz bedeuten. Aber es lohnt sich.

Zu einer guten Vorplanung, die einen möglichst stabilen Dienstplan sicherstellen soll, gehören folgende Elemente:

- Nettoarbeitszeit aller Mitarbeiter auf Jahresdienstplan verteilen
- Obergrenze für monatlichen Urlaub der Mitarbeiter festlegen
- Sinnvolle Verteilung der Fortbildung auf das gesamte Kalenderjahr
- Schichtbezogene Einsatzplanung

Nettoarbeitszeit auf Jahresdienstplan verteilen

Als Pflegedienst- bzw. Wohnbereichsleitung kennen Sie das Problem, dass der Dienstplan am Ende eines Monats aufgrund vieler Ad-hoc-Änderungen doch ganz anders aussieht, als zunächst geplant. Krankheitsausfälle und spontane Freiwünsche reißen stets Löcher, die es zu stopfen gilt. Gibt es ihn überhaupt – den stabilen Dienstplan? Klare Antwort: Nein! Aber mit den folgenden Tipps können Sie die größten Risiken minimieren. Häufig werden Dienstpläne von Monat zu Monat erstellt. Damit fahren Sie aber „auf Sicht" und betreiben keine vorausschauende Dienstplanung. Legen Sie deswegen spätestens zu Beginn des neuen Jahres einen Jahresdienstplan an. Darin machen Sie für alle Mitarbeiter eine Vorausplanung, legen die Dienstwochenenden fest und berücksichtigen die bereits feststehenden Personalengpässe (Urlaub, Fortbildung, Schulzeiten). Mithilfe des Jahresdienstplans erkennen Sie, zu welchen Zeitpunkten im Jahr Sie eher dünn besetzt sind und zu welchen Zeiten Sie ausreichende Personalressourcen haben. Bei einer monatlichen Planung haben Sie solche Engpässe nicht im Blick. Eine geplante Maßnahme ist dann häufig nicht mehr möglich, sondern Sie werden überrascht und müssen dann hektisch Dienstplanlöcher stopfen. Häufig auf Kosten der Mitarbeiter, indem Überstunden aufgebaut werden.

Obergrenze für monatlichen Urlaub festlegen

Um das Problem von Urlaubsspitzen umgehen zu können, machen Sie spätestens zu Beginn des neuen Jahres eine Urlaubsplanung für alle Mitarbeiter. Legen Sie fest, wie viele Urlaubstage maximal und minimal pro Monat vergeben werden können. Gehen Sie dabei wie folgt vor: Addieren Sie alle Jahresurlaubsansprüche Ihrer Mitarbeiter (inklusive möglichem Resturlaub). Teilen Sie diese Summe durch

17

12 Monate. Um die Obergrenze der maximal planbaren Urlaubstage ermitteln zu können, geben Sie 20 % zu. Für die Untergrenze ziehen Sie 20 % ab.

Damit Sie nicht Gefahr laufen, die Überstundenkonten Ihrer Mitarbeiter ins Unermessliche zu treiben, verplanen Sie maximal die Nettoarbeitszeit Ihrer Mitarbeiter. Das bedeutet, dass monatlich nicht die vertraglich vereinbarte Arbeitszeit (= sogenannte Bruttoarbeitszeit) verplant wird, sondern als Faustformel lediglich rund 80 %. Das ist deshalb wichtig, weil Sie davon ausgehen müssen, dass der Mitarbeiter im Rahmen seiner vertraglich vereinbarten Arbeitszeit vielleicht auch mal krank ist, eine Fortbildung besucht oder Urlaub nimmt. Diese Zeiten werden durchschnittlich mit 20 % der vertraglich vereinbarten Arbeitszeit veranschlagt.

Wenn Sie hingegen von vornherein die komplette Bruttoarbeitszeit verplanen, werden bei einem außerplanmäßigen Einsatz des Mitarbeiters Überstunden aufgebaut. Natürlich sind bei einer Bruttoarbeitszeit die einzelnen Schichtbesetzungen besser als bei der Nettoarbeitszeitmethode besetzt. Allerdings nehmen die Mitarbeiter diese Mehrbesetzung erfahrungsgemäß weniger wahr. Vielmehr ist deren Augenmerk auf das permanente Einspringen und den damit verbundenen Aufbau von

Überstunden gerichtet. Verplanen Sie daher künftig ausschließlich nur die Nettoarbeitszeit.

Fortbildungen auf das Kalenderjahr verteilen

Betriebliche Weiterbildungen der Mitarbeiter zahlen sich für die Einrichtung aus, denn mehr Schulungen sorgen für bessere Pflegequalität. Besonders für ehrgeizige Mitarbeiter sind Fortbildungen deshalb wichtig, damit sie Ihre Fachkenntnisse erweitern und stärken können. Gleichzeitig sollten sie das, was sie gelernt haben, auch bei den passenden Projekten einsetzen können. Als Pflegedienstleitung sind Sie dafür verantwortlich, einen jährlichen Fortbildungsplan für ihre Mitarbeiter zu erstellen. Auch der Medizinische Dienst der Krankenkassen (MDK) verlangt das von Ihnen. Planen Sie bereits, welcher Mitarbeiter welche Fortbildung besuchen soll. Achten Sie auf eine sinnvolle Verteilung der Fortbildungstage, sodass Ihre Dienstplanung nicht zu sehr in Mitleidenschaft gezogen wird (z.B. keine Fortbildungen in Ferien- oder Schulzeiten Ihrer Auszubildenden). Berücksichtigen Sie diese Fortbildungstage in Ihrem Jahresdienstplan. Dazu gehört auch, dass Sie geplante, länger andauernde Weiterbildungen von Mitarbeitern (z. B. zum Praxisanleiter oder zur Wohnbereichsleitung) bereits in Ihrem Jahresdienstplan berücksichtigen.

Schichtbezogene Einsatzplanung

Neben dem regulären Dienstplan ist eine zusätzliche effiziente schichtbezogene Personaleinsatzplanung notwendig. In ihr ist geregelt, welcher Mitarbeiter, mit welchen Qualifikationen welche Bewohner versorgt. Nach Möglichkeit übernimmt eine Pflegekraft die gesamte Pflege für eine feste Gruppe von Bewohnern. Dadurch sind Wohnbereiche in der Lage, effizient und bewohnerbezogen (Bezugspflege) zu arbeiten. Solche Personaleinsatzplanungen gleichen einem Tourenplan in der ambulanten Pflege und geben zum Teil Zeitkorridore für bestimmte Tätigkeiten als Richtwert vor. Halten Sie deswegen Ihre Wohnbereichsleitungen an, neben regulären Dienstplänen auch Personaleinsatzpläne zu führen.

3. Warum es sich lohnt, Mitarbeiter zu motivieren

Mitarbeiter zu motivieren ist eine der wichtigsten Aufgaben der Leitungskräfte in der Altenpflege. Zufriedene und engagierte Mitarbeiter sind der Garant für eine gute Pflegequalität, von der insbesondere Bewohner der Pflegeeinrichtung profitieren. Die Frage, welche Instrumente geeignet sind, um Mitarbeiter zu motivieren, ist jedoch nicht einfach zu beantworten. In aller Regel verfügen Pflegeeinrichtungen über Leitbilder, die Mitarbeiter „anleiten" sollen. Werte wie gegenseitige Achtung, Zuverlässigkeit und Ehrlichkeit sollten die Grundpfeiler für den täglichen Umgang mit Bewohnern und Kollegen sein. Zu den Hauptaufgaben einer Führungskraft zählt daher, Werte und Leitlinien der Einrichtung verstärkt zu kommunizieren und vorzuleben. Im Idealfall werden diese Werte von den Mitarbeitern verinnerlicht und prägen so das Handeln der Mitarbeiter gegenüber pflege- und hilfebedürftigen Menschen. Eine hohe Motivation führt in der Regel zu einer engen Bindung der Mitarbeiter an die Einrichtung. Häufige Personalwechsel können so verhindert werden. Welche Instrumente gut geeignet sind, um Mitarbeiter dauerhaft zu motivieren, ist Thema des folgenden Abschnitts.

Was macht einen guten Chef aus?

Vorgesetzte bestimmen maßgelblich mit ihrem Verhalten das Arbeitsklima in der Einrichtung und damit die Motivation der Mitarbeiter. Jede dritte Pflegekraft kündigt wegen ihres Chefs, das hat eine Umfrage des Online-Stellenmarktes meinestadt.de ergeben. Damit stellt sich die Kernfrage: Was können Vorgesetzte tun und welche Instrumente gibt es, Mitarbeiter zu motivieren? Ein qualifizierter Vorgesetzter ist ein effektiver Kommunikator, Problemlöser und bindet Pflegekräfte in die Umsetzung neuer Konzepte ein. Auch sind Veränderungen erfolgreicher, wenn sie in kleinen Schritten erfolgen und den Mitarbeitern nicht zu viele Veränderungen auf einmal zugemutet werden. Die praktische Umsetzung lebt von der Kommunikation aller Akteure. Schenken Sie ihren Mitarbeitern Vertrauen. Nichts lähmt Engagement und Leidenschaft so sehr, wie ein Chef, der seiner Mannschaft nichts zutraut. Machen lassen! – ist die Devise, aufs Ergebnis schauen und individuelle Stärken entfesseln. Das entlastet Vorgesetzte – und jeder im Team ist dankbar über den gewonnenen Freiraum, sich selbst besser einbringen zu können.

Wichtige Kriterien für eine gute und überzeugende Führung sind:

-        fachliche Kompetenz des Chefs

- der Vorgesetzte ist stets ansprechbar und offen für Kritik
- er sorgt für gute Stimmung im Team
- geht auf die individuellen Bedürfnisse der Mitarbeiter ein und
- macht Wertschätzung für gute Leistung täglich sichtbar.

Lob und Anerkennung

Dauerhafter ist die Motivation durch Anerkennung und Lob. Während das Lob eine Würdigung für eine bestimmte Leistung ist, prägt Anerkennung den tagtäglichen Umgang mit den Mitarbeitern, in dem man sie als wertvoll im Unternehmen anerkennt. Manchmal reichen schon ein paar freundliche Worte, um die Motivation der Mitarbeiter deutlich und dauerhaft zu erhöhen. Ein einfaches und vor allem aufrichtiges Lob zur richtigen Zeit kann Wunder bewirken. Wenn jemand etwas gut gemacht hat, sollte man ihm zeigen, dass man das sieht. Am besten im persönlichen Gespräch und nicht per E-Mail, Chat oder über mehrere Ecken über Kollegen.

Anforderungen an Pflegefachkräfte steigen

Seit der Pflegereform 2017 sind die Anforderungen an die pflegefachlichen und persönlichen Kompetenzen der Mitarbeiter gestiegen. Vor allem besteht in Zukunft ein erhöhter Beratungs- und Informationsbedarf für Bewohner und Mitarbeiter bei der Umsetzung des neuen Strukturmodells in der Pflege. Auch die beabsichtigte Einführung eines neuen Personalbemessungssystems trägt dazu bei, dass die Rolle der Fachkräfte in Heimen weiterentwickelt werden muss. Dazu zählt: Deutlich stärkere Einbindung in Planung, Koordination und Anleitung, während risikoarme pflegerische Aufgaben an Assistenzkräfte übertragen werden müssen. Mitarbeiter, die das Vertrauen ihrer Vorgesetzten genießen, sind auch gern bereit, größere Verantwortung zu übernehmen und mehr Mitbestimmung auszuüben. Wer weiß, dass die eigene Meinung zählt und eine anstehende Entscheidung in den eigenen Händen liegt, begreift sich als wertvoller Teil des Unternehmenserfolgs und handelt danach. Von fachlich versierten Mitarbeitern profitieren Leitungskräfte, die mehr Zeit für ihre Führungsarbeit gewinnen.

Wie gut (oder schlecht) die Pflegefachkraft pflegerische Abläufe und kommunikative Situationen gestalten kann, hängt auch entscheidend von ihren kommunikativen Fähigkeiten ab. Kommunikation kann etwas bewegen und ist eines der wichtigsten Arbeitsmittel, um komplexe Pflegesituationen schnell und verständliche auf den Punkt zu bringen. Sprache dient der Diagnostik und auch oft der Therapie. Von Pflegekräften wird erwartet, dass sie mit Sachverstand an die neuen Herausforderungen herangehen, Probleme bewältigen und Lösungen entwickeln. Letztlich ist es Aufgabe der Pflegefachkräfte, den Pflegeprozess zu steuern. Die praktische Umsetzung lebt von der Kommunikation aller Akteure davon, dass die Führung hinter den Veränderungen steht und diese sichtbar und authentisch vorlebt.

4. Wie der neue Pflegeschlüssel einem Pflegenotstand vorbeugt

Der Pflegenotstand in Deutschland ist bereits heute für unsere Gesellschaft real spürbar. Insbesondere die Institution Pflegeheim ist komplett aus- und überlastet. Der Gesetzgeber hat akuten Personalmangel, vor allem in den Pflegeinstitutionen, erkannt, und ein neues Personalbemessungssystem auf den Weg gebracht, das die Misere beheben soll. Auf den folgenden Seiten gebe ich zunächst einen Überblick darüber, wie das bisherige System funktioniert. In einem zweiten Schritt gehe ich auf das neue Verfahren der Personalbemessung in der stationären Pflege ein, das bis zum 30. Juni 2020 von der Universität Bremen entwickelt und zu einem späteren Zeitpunkt nach einer Erprobungsphase in den Einrichtungen eingeführt werden soll.

Personalausstattung nach geltendem Recht

Die Personalbemessung, so wie sie seit der Pflegereform 2017 umgesetzt wird, erfolgt in NRW anhand von Pflegeschlüsseln, die festlegen, wieviel Pflegepersonal eine Einrichtung vorzuhalten hat. Die folgende Beispielrechnung zeigt, wie auf der Grundlage der Belegungsstruktur und der vorgegebenen Pflegeschlüssel die Vollzeitkräfte für eine 60-Betten-Einrichtung berechnet werden.

Pflegegrad	Bewohner	Pflegeschlüssel		Vollzeitkräfte
1	5	1 : 5	=	1,00
2	15	1 : 4	=	3,75
3	20	1 : 3	=	6,67
4	15	1 : 2,5	=	6,00
5	5	1 : 2,0	=	2,50
	60		=	19.92

Wie viel Zeit Pflegekräfte pro Tag für die direkte und indirekte Pflege (Dokumentation, Verwaltung, Gespräche) pro Bewohner zur Verfügung steht, kann – abgeleitet aus den Pflegeschlüsseln – wie folgt berechnet werden.

Prämissen:

Betreut wird ein Bewohner mit Pflegegrad 4 (Pflegeschlüssel 1 : 2,5). Die wöchentliche Arbeitszeit des Mitarbeiters soll 40 Stunden in der Woche betragen.

Berechnung:

Kalendertägliche Arbeitszeit: 40 Std. : 7 = 5,71 Std. Dividiert man diese durch die vom Mitarbeiter zu betreuenden 2,5 Bewohner (Schlüssel 1 : 2,5), so beträgt die Pflegezeit pro Kalendertag 5,71 : 2,5 = 2,28 Stunden je Bewohner im Früh-, Spät- und Nachtdienst.

Kriterien der neuen Personalbemessung

Das neue Personalbemessungsverfahren soll das jetzige System ablösen und für eine hinreichend gute Personalausstattung sorgen - in quantitativer und quantitativer Hinsicht. Ziel ist es, eine auf der Bewohnerstruktur der jeweiligen Einrichtung beruhende heimindividuelle Personalausstattung zu etablieren. Dadurch sollen starre Quoten in Bezug auf das Verhältnis von Fachkräften zu anderen Beschäftigten abgelöst werden. Das bedeutet: Individuelle Quoten für jede Einrichtung in Pflegesatzverhandlungen zu vereinbaren, die sich aus den Personalmengen der verschiedenen Kategorien von Einrichtung zu Einrichtung unterscheiden. Dabei werden entsprechende Quoten, ebenso wie die Personalmengen eher als Korridor, denn als Punktwerte angegeben. Auch können Pflegesatzverhandlungen ggf. besondere Einrichtungskonzepte berücksichtigen. Das führt zu heimindividuellen Anpassungen, sodass sich insgesamt ein „flexibles System" anstelle von starren Quoten ergibt. Um die heimindividuelle Personalausstattung ermitteln zu können, werden folgende drei Dimensionen der Leistungserbringung betrachtet:

-       die Zahl der bedarfsnotwendigen
        Interventionen pro Bewohner,

- die bedarfsgerechte Zeit pro Intervention für den entsprechenden Bewohner und
- das bedarfsgerechte Qualifikationsniveau der leistungserbringenden Person für diese Intervention.

Wie sich die Rolle der Fachkräfte verändern wird

Die folgende Auflistung zeigt, wie sich die Rolle der Pflegefachkräfte nach einer Reform verändern könnte.

- Ein Personalbemessungsverfahren, das eher Korridore als Punktwerte vorgibt
- Erhöhung der Zahl der Beschäftigten pro Pflegebedürftigen, um eine fachgerechte Pflege ohne permanente Überforderung der zu ermöglichen.
- Für jede Einrichtung wird es eine gegliederte Personalmenge nach Qualifikationsgraden geben
- Zahl und Qualifikation der Pflegekräfte hängen dabei von der Zusammensetzung der Bewohnerschaft ab
- Die bisherige Fachkraftquote wird durch eine einrichtungsindividuelle Variante ersetzt.

Deutlich wird, dass nach dem neuen System wesentlich mehr Assistenzkräfte, aber nur in geringem

Umfang zusätzliche Fachkräfte benötigt werden. Ein derart veränderter Personalmix weist bereits darauf hin, dass die Rolle von Fachkräften in Einrichtungen weiterentwickelt werden muss: Diese müssen deutlich stärker in Planung, Koordination und Anleitung eingesetzt werden, während risikoarme pflegerische Aufgaben stärker an Assistenzkräfte, die weiterzubilden sind, übertragen werden müssen.

5. Warum konstruktives Verhandeln wichtig ist

Verhandeln Pflegeheime nicht gut, kann das zu hohen Verlusten führen. Daher ist die Kunst, in den richtigen Dialog mit Geschäftspartnern zu gehen, essenziell. Beispiele: Bei Pflegesatzverhandlungen, mit Lieferanten, mit den Kollegen und natürlich mit dem Chef, wenn es um Verantwortung oder um ein höheres Gehalt geht. Wer erfolgreich verhandeln will, muss beide Seiten berücksichtigen und zu einem Ergebnis kommen, das für alle Beteiligten von Vorteil ist. Gelingt es Ihnen, eine klassische Win-Win-Situation zu schaffen, kann eine Verhandlung in jedem Fall als Erfolg angesehen werden. Verhandlungen liegt meist ein Konflikt zugrunde, da beide Partner unterschiedliche Absichten verfolgen. Wie dieser Konflikt ausgetragen wird, hängt stark von den Persönlichkeiten ab, die eine Verhandlung führen. Lassen sich die jeweiligen Absichten schnell unter einen Hut bringen, dann spricht man von beidseitigem Einvernehmen. Müssen beide Seiten Abstriche machen, dann stellt ein fairer Kompromiss das Ergebnis dar.

Will man ein zufriedenstellendes Ergebnis, wie in den beiden Fällen dargestellt, erzielen, gilt es, den Verhandlungsprozess konstruktiv und partnerschaftlich auszurichten. Dabei liegt der Schlüssel für ein zufriedenstellendes Ergebnis in der Verständigung.

Beachten Sie, dass unser Gehirn den Großteil aller Entscheidungen unbewusst trifft und Emotionen im Unterbewusstsein nicht zu unterschätzen sind. Meist setzt das rationelle Denken erst zeitlich verzögert ein. Das heißt: keine Entscheidung ist zu 100 % rational getroffen. Zudem sind unsere Entscheidungen immer noch von unseren persönlichen Erfahrungen, Weltansichten und von der jeweiligen Situation geprägt.

Was ist ein Konflikt?

Ein Konflikt bezeichnet Situationen, in denen unterschiedliche Meinungen, Ansichten und Bedürfnisse aufeinander stoßen. Wichtig ist dabei, ob sich der Konflikt auf der Sachebene, Beziehungsebene oder Werteebene abspielt. Konflikte und Streitgespräche sind normal. Sie gehören zum Leben. Mehr noch: In ihnen liegt eine besonders starke Kraft, die viel bewirken kann. Es kommt daher umso mehr auf den richtigen Umgang mit ihnen an. Und den kann man lernen und üben. Wie gut oder weniger gut man mit Konflikten umgehen kann, zeigt sich in der Fähigkeit, wie gut man mit Menschen und Gefühlen umgehen kann. Vermeiden Sie außerdem Schuldzuweisungen, da diese schnell die sachliche mit der menschlichen Ebene vermischen und ihr Gegenüber sich angegriffen fühlen kann. Sprechen Sie dagegen über Ihre gegenseitigen Vorstellungen und Erwartungen, um mehr Verständnis füreinander zu erreichen. Daneben ist ein guter Kommunikationsfluss zu beachten. Versuchen Sie aufmerksam zuzuhören und Rückmeldung zu den Redebeiträgen des Anderen zu geben.

Beziehungsaufbau

Auch bei der Gesprächsführung in Verhandlungssituationen ist ein guter Beziehungsaufbau die Grundlage für die weitere Gesprächsführung. Die Eröffnung bestimmt den gesamten weiteren Verlauf. Zu Beginn geht es darum, einen persönlichen Kontakt zum Gesprächspartner herzustellen. Das geschieht zum einen durch nonverbales Verhalten, dem in dieser Phase eine besondere Bedeutung geschenkt werden soll, zum anderen durch situationsangepasstes Ansprechen des Gegenübers. Grundsätzlich ist eine kurze Gesprächseröffnung sinnvoll. Es können persönliche Worte sein oder allgemeine Inhalte, die als „Warm up" dienen. Schon kleine Dinge, insbesondere Gesten und Körpersprache, können große Auswirkungen und einen psychologischen Effekt für die Verhandlung haben.

Verhandlungen finden meist auf zwei Seiten eines Tisches statt. Sehr schlechte Ausgangsposition! So entstehen von Beginn an unterschiedliche Fronten.

Besser ist es, sich wortwörtlich auf eine Seite zu begeben und beispielsweise neben Ihrem Gesprächspartner zu sitzen oder zu stehen. Als Grund können Sie beispielsweise ein Dokument vorlegen, auf das Sie beide gemeinsam schauen. So schaffen Sie keine Barriere zwischen sich, sondern das Gefühl, das Gleiche zu wollen und gemeinsam ein Ergebnis zu erzielen. Erfolgreiche Verhandlungen und Gespräche sind von guter Kommunikation auf allen Ebenen geprägt. Neben den sprachlichen sind nonverbale Signale von besonderer Bedeutung. Dabei werden insbesondere Gefühle und Stimmungen durch nichtsprachliche Signale transportiert. Sprachliche und nichtsprachliche Botschaften sollten sich ergänzen und nicht im Widerspruch stehen.

5.1 Welche Techniken erfolgreiches Verhandeln prägen

Starten Sie eine Verhandlung bereits unter der Prämisse, dass in jedem Fall ein Ergebnis dabei herausspringen muss, setzen Sie sich selbst unter Druck und erzwingen Zugeständnisse von sich selbst, die Sie sonst nicht machen würden. Die besten Verhandlungsführer zeichnen sich dadurch aus, dass sie fast ununterbrochen Fragen stellen, ins Detail gehen, nachhaken. Wer fragt, der führt! So können Sie kontrollieren, wie sich das Gespräch entwickelt. Verschiedene Komponenten beeinflussen den Verlauf und Erfolg der Verhandlung. Folgende Punkte können Ihnen bei der Reflexion und Planung von Verhandlungen helfen:

Vorbereitung

- Setzen Sie sich Ziele und einen Kompromissrahmen für Ihre Gesprächsstrategie
- Bereiten Sie Ihre Argumente, Fragen, Vorschläge sowie mögliche Schwachpunkte vor

Erscheinungsbild und Sprache

- Setzen Sie Ihre Körperhaltung bewusst ein (Mimik, Gestik, Stimme)

- Achten Sie auf eine der Situation angemessene Sprache
- Reden Sie in kurzen prägnanten Sätzen

Selbstsicherheit

- Seien Sie sich Ihres Standpunktes klar und vermeiden Sie sinnlose Rechtfertigungen
- Bewahren Sie Ruhe und halten Sie Blickkontakt

Glaubwürdigkeit

- Vergessen Sie trotz sachlichem Fokus nicht die Gefühlsebene
- Achten Sie auf positive Formulierungen und Ich-Form

Partnerorientierung

- Sprechen Sie Ihr Gegenüber mit Namen und ggf. Titel an
- Zeigen Sie Verständnis und betonen Sie bestehende Gemeinsamkeiten
- Streben Sie ein einvernehmliches

Regeln für konstruktives Verhandeln

Berücksichtigen Sie folgende Punkte als Empfehlung für zielorientiere und einvernehmliche Verhandlungen.

Analyse der Ausgangslage

- Eigene Interessenlage betrachten und Prioritäten setzen

- Interessen sowie sach- und personenbezogenen Gegebenheiten der Gegenseite überprüfen

Klares Verhandlungsziel setzen

- Nach der Situationsanalyse konkretes Verhandlungsziel setzen und Sachziele im Auge behalten
- Nehmen Sie Bezug auf die Beiträge des Gesprächspartners

- Zeigen Sie Verständnis für die Belange des Partners und machen Sie ihm konstruktive Kompromissvorschläge

Sachgerechte Argumente sammeln

- Argumente für das Gesprächsziel ggf. schriftlich festhalten in einer Rangfolge hinsichtlich Wichtigkeit und Stichhaltigkeit

Erfolgsorientierte Strategie verfolgen

- Geben Sie dem Gegenüber Raum, ein Anliegen zu schildern. Dann konsequent eigene Belange und Erwartungen vortragen. Beginnen Sie mit einem starken Argument. Behalten Sie sich aber noch einige Argumente in der Hinterhand – dabei möglichst auch ein besonders zugkräftiges.

Begründen Sie Ihre Aussagen

Dem Verhandlungspartner die eigene Situation schildern und mit Argumenten glaubhaft machen, indem beispielsweise folgende Belege vorgelegt werden:

- Beweismaterial, Vorschriften, Gutachten, Referenzen, Musterfälle und Fachaufsätze.

- Argumente verständlich machen durch bildhafte Formulierungen, Beispiele, Prospekte, Produktmuster und Visualisierungstechniken.

Resümee

Zugegeben, es gibt viele Hürden, die der Wirtschaftlichkeit von Pflegeheimen im Wege stehen können. Aber in diesem Ratgeber habe ich Ihnen gezeigt: Die Lösung der Probleme ist kein Hexenwerk. Wesentlich ist die Kenntnis um die neuen gesetzlichen Bestimmungen, mit denen der Gesetzgeber den Pflegenotstand beheben will. Dazu zählen vor allem:

1. Das neue Verfahren zur Personalbemessung, weil das neue Verfahren zur Personalbemessung, das bis Juni 2020 noch in einem Pilotprojekt von der Uni Bremen entwickelt wird, den Personalnotstand in der Altenpflege beheben soll. Vorgesehen sind individuelle Quoten der Personalausstattung für jede Einrichtung, die sich am Qualitätsniveau des Leistungskatalogs der Einrichtung orientieren.

2. Der richtige Pflegegradmix, der maßgeblich die personelle und sachliche Ausstattung der Einrichtung bestimmt. Weicht die Belegung in der laufenden Periode von der geplanten Struktur ab, kann das erhebliche finanzielle Nachteile für den Träger haben.

3. Verhandeln, um für alle Beteiligten zu einem befriedigenden Ergebnis zu kommen.

4. Aber auch zufriedene Mitarbeiter sind der Schlüssel zum Erfolg. Das beginnt mit durchdachten, langfristig geplanten Dienstplänen. Auch wenn dies oft ein Balanceakt darstellt. Nehmen Sie sich die Zeit, hier langfristig und nachhaltig zu planen! Es geht um die wichtigste Ressource in Ihrem Unternehmen: Um die Menschen. Um Ihre Kollegen. Sie sorgen dafür, dass der Betrieb läuft. Mit ihnen steht und fällt die Qualität der Pflege und die Zufriedenheit der Bewohner. Nur zufriedene, motivierte Mitarbeiter sind der Garant für eine gute Pflege. Nur mit ihnen lässt sich der Pflegenotstand bekämpfen und eine der wichtigsten Aufgaben für die Zukunft unserer Gesellschaft lösen.